V. 553
1.

COURS DE DESSIN LINÉAIRE,

À L'USAGE

DES ÉCOLES D'ARTS ET MÉTIERS, DES ÉCOLES DE DESSIN ET DES ÉCOLES PRIMAIRES;

PAR P. RENARD,

ARCHITECTE.

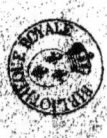

PARIS,

LITHOGRAPHIE D'ENGELMANN ET COMP^{ie}, RUE DU FAUBOURG MONTMARTRE, N° 6;
CHAILLOU-POTRELLE, RUE SAINT-HONORÉ, N° 40. — GIHAUT FRÈRES, BOULEVART DES ITALIENS, N° 5.

1828.

L'instruction du Dessin linéaire peut se donner de deux manières : par une méthode analogue à l'enseignement mutuel, et par l'enseignement simultané. J'insisterai cependant pour que l'enseignement mutuel soit appliqué aux cinq premières classes, attendu que l'élève pourra tracer les figures en très-grand, et acquérir par là une plus grande justesse de coup d'œil et plus de fermeté dans la main. On peut faire suivre les autres classes avec succès par l'enseignement simultané, en ayant le soin cependant de donner aux élèves des ardoises d'une grande dimension.

Le matériel nécessaire pour l'une et l'autre méthode consiste :

1°. En Tableaux noirs d'un mètre de longueur sur soixante-dix centimètres de hauteur ; une division en décimètres et centimètres sera peinte en blanc dans la partie supérieure et aux deux côtés ;

2°. De T et de Règles de soixante-dix centimètres, divisés et destinés au maître ou au moniteur ;

3°. De Réglettes de quarante centimètres, avec divisions à l'usage des élèves ;

4°. De petites et grandes Équerres de quarante-cinq degrés ;

5°. De petits et grands Compas ;

6°. De Planches ou Cartons, sur lesquels on collera les modèles gravés et la série de commandemens pour chaque classe ;

7°. De Crayons blancs à dessiner, et d'Éponges pour effacer ;

8°. D'Ardoises de grande dimension, encadrées avec soin, et d'Équerres mises en rapport, autant que possible, avec les dimensions des tableaux et des modèles.

Pour la méthode analogue à l'enseignement mutuel, les tableaux noirs seront posés contre le mur, et de manière à ce que la poitrine des élèves corresponde au milieu du tableau. On placera le modèle gravé au-dessus du tableau, en l'inclinant un peu vers les yeux de l'élève : les commandemens seront à sa gauche, et les instrumens suspendus à sa droite.

Tout étant ainsi disposé, on fait ranger cinq ou six élèves en demi-cercle devant le tableau. Le moniteur ou secondant, placé à gauche, indique sur le modèle une figure, et lit sur la tablette le commandement et l'explication qui s'y rapportent. Aussitôt que la figure est tracée par l'élève, il appelle les autres de sa classe à la corriger ; après quoi il la trace lui-même correctement à l'aide des instrumens qui sont à sa disposition.

Pour la méthode simultanée, le tableau noir devra être élevé de manière à ce qu'il soit en vue de tous les élèves ; le modèle, les commandemens et les instrumens placés à droite et à gauche, comme nous l'avons déjà dit. Le maître ou le secondant commande le tracé d'une figure, en donne l'explication, et la trace lui-même sur le tableau noir ; les élèves l'imitent sur les ardoises ; ensuite le maître passe dans les rangs pour s'assurer si la figure est tracée correctement, et la rectifier s'il y a lieu.

Pour ne pas perdre de temps, le maître pourrait toujours faire les opérations à l'aide de la règle et du compas. Dans l'un ou l'autre cas, on aura le soin de faire dessiner toutes les figures le plus en grand possible, et de demander souvent des explications aux élèves, en leur faisant faire l'application des démonstrations aux objets dont ils sont environnés.

Chaque classe peut se faire facilement en quinze leçons de deux heures chacune.

Il ne faut pas attendre, pour faire dessiner aux élèves une figure nouvelle, que la formation de la précédente ne laisse plus rien à désirer : il importe de prévenir la fatigue et l'ennui. Seulement, il conviendra de revenir quelquefois sur celles qui auront été moins bien comprises. On insistera particulièrement sur les opérations des première et troisième classe. Au reste, il sera à souhaiter, lorsqu'on voudra former une classe de Dessin linéaire, que les premières leçons puissent être

INTRODUCTION.

les principaux élémens de la composition des arabesques sont : les *perles* ou *chapelets*, les *raies de cœur*, les *oves*, les *feuilles de laurier*, *d'olivier* et *de refend*, les *rosaces*, les *culots*, les *palmettes* et les *rinceaux*.

La *sixième Classe* renferme des Perles en forme de chapelets, des Raies de cœur, des Oves et des Feuilles de laurier employés à la décoration des moulures. Les proportions sont déterminées par des parties égales déjà connues et basées, comme dans les classes suivantes, sur l'application des lignes droites et courbes.

La *septième Classe* offre le tracé des Rosaces. L'opération, ainsi que dans les classes suivantes, est toujours divisée en trois parties : à gauche le tracé préparatoire en lignes droites et courbes, à droite le second tracé ou la masse, et enfin l'ensemble.

La *huitième Classe* présente l'étude des Culots ; la *neuvième*, celle des Palmettes ; la *dixième*, celle de fragmens de Feuilles d'olivier et de refend ; les *onzième* et *douzième*, une Feuille d'olivier et de refend, mêmes proportions et formes que celles employées dans les chapiteaux corinthiens ; et la *treizième*, un Rinceau en feuille de refend.

La *quatorzième Classe* offre l'application des parties déjà étudiées à de grandes rosaces ; et la *quinzième*, un Panneau d'ornement composé de rosaces, culots, palmettes et rinceaux.

Les vases qui concourent à l'embellissement des édifices, des jardins et de nos appartemens, servent aussi aux besoins journaliers de toutes les classes de la société. L'ouvrier n'emploiera pas plus de temps à leur donner une forme élégante qu'à suivre les erremens d'une routine aveugle. J'ai rassemblé dans les *seizième* et *dix-septième Classes* des vases de formes diverses, depuis la plus simple jusqu'à la plus compliquée, et dont les proportions sont déterminées comme dans les 5°. et 6°. classes, par des parties égales, perpendiculaires et horizontales. Ces vases sont imités de ce que les Anciens nous ont laissé de plus pur en ce genre : les modernes se flatteraient en vain de les surpasser.

Lorsque, dans une école de dessin, une élève se destine à l'étude de la figure, il sera inutile de lui faire dessiner les principes d'ornemens : les planches 18°., 19°. et 20°., qui renferment les détails et le tracé géométrique de la tête de face et de profil, deviendront pour lui les 5°., 6°. et 7°. classes. Après les avoir suffisamment étudiées, l'élève pourra dessiner d'après de bons modèles et suivre les cours ordinaires.

Des artistes, des professeurs même, prétendent que le dessin géométrique peut donner aux élèves une manière sèche et raide, capable de nuire par la suite au succès de leurs études. Il nous serait facile de prouver, en nous étayant de documens historiques, que cette méthode fut suivie dans l'ancienne Grèce, lorsque les magistrats d'Athènes *ordonnèrent que le Dessin entrerait dans l'éducation de tous les citoyens*. Nous pourrions prouver aussi que les artistes de la renaissance suivirent le même principe ; mais, aimant à supposer à la critique la bonne foi qui nous anime nous-même dans la recherche de la vérité, nous nous contenterons d'invoquer l'autorité de deux hommes plus rapprochés de nous, et justement célèbres par leurs préceptes et leurs talens.

Gérard Lairesse et Raphael Mengs voulaient « que les maîtres com-
» mençassent par faire dessiner aux élèves des figures géométriques sans
» le secours de la règle et du compas. Ils croyaient que cette méthode
» était plus capable que toute autre de leur donner la justesse du coup
» d'œil, qui seule conduit à dessiner correctement. Ils avaient observé
» qu'il n'est aucun objet dans la nature dont les contours et les formes
» ne soient composés de figures géométriques simples ou mixtes, d'où
» ils concluaient que l'élève, parvenu à tracer avec justesse ces figures
» à la simple vue, trouverait ensuite peu de difficultés à dessiner correc-
» tement toutes les formes que présente la nature. »

« Il ne faut pas craindre (dit encore Mengs) que la méthode géo-
» métrique nuise à l'élégance. L'élégance consiste dans la grande variété
» des lignes courbes et des angles, et ce n'est que la géométrie qui peut

Le baron Charles Dupin, justement célèbre par les inappréciables services qu'il a rendus aux arts et à l'industrie, ne cesse, dans son *Cours normal de Géométrie et de Mécanique*, d'appeler l'attention des artistes et des artisans sur les propriétés du Dessin linéaire. « L'étude » des formes géométriques (dit-il) est féconde en applications im-
» médiates, variées, importantes à la plupart des arts. C'est pour
» n'avoir pas réfléchi sur la figure des produits de la nature et de
» l'industrie, que nous n'apercevons pas dans cette figure les formes
» géométriques, les propriétés qui en dérivent, et les moyens de tracé
» et d'exécution que nous offrent ces propriétés caractéristiques. On
» n'arrivera, dans les arts, à des perfectionnemens positifs et d'une grande
» étendue, qu'en pratiquant avec constance les méthodes rigoureuses
» du Dessin géométrique. L'industrie, ajoute-t-il, restera dans l'en-
» fance *si le Dessin linéaire et la Géométrie descriptive* ne deviennent,
» dans les ateliers et les manufactures, des connaissances universelle-
» ment répandues et pratiquées. »

En effet, les mécaniciens, serruriers, charpentiers, menuisiers, tailleurs de pierres, tourneurs, tapissiers, orfèvres, bijoutiers, ébénistes, etc., etc., ont sans cesse besoin d'exprimer leurs idées sur les formes des objets qu'ils travaillent, ou de comprendre celles des chefs sous lesquels ils se trouvent placés. Le Dessin leur est donc indispensable, non pas l'art sublime des David et des Girodet, mais celui qui, négligeant les effets d'ombre et de lumière, n'a pour objet que les formes inanimées, et pour but que la précision et l'élégance des simples traits. Il suffira à l'artisan de savoir tracer avec justesse et pureté les contours réguliers des objets qu'il est appelé à exécuter, et à y appliquer les parties d'ornement qui sont en usage dans les arts mécaniques, en architecture et dans la décoration.

Le Cours de Dessin linéaire ou géométrique que j'offre au public, est suivi, depuis deux ans, dans une Académie de la Belgique, et les heureux résultats qu'il a produits ne laissent aucun doute sur son efficacité. Ce Cours renferme tous les principes nécessaires à ceux qui se destinent aux arts industriels, et peut servir aux exercices préparatoires pour les élèves qui se vouent à l'étude des beaux-arts.

Les élémens de l'art du dessin sont incontestablement des lignes droites et courbes de toutes les espèces, qui, employées avec intelligence et combinées diversement entre elles, concourent à l'imitation des formes de tous les objets ; il faut, pour l'exécution, un coup d'œil prompt et juste, et une main flexible et sûre.

La *première Classe* de ce Cours, destinée à former le coup d'œil et la main par des exercices sur lignes droites, est un commencement de géométrie-pratique ; au fur et à mesure que l'élève trace ces lignes, on lui en apprend les noms et les propriétés.

La *seconde Classe* démontre l'application des lignes droites à des parties d'ensemble d'une utilité fréquente, telles que Guillochis, Frises, Lambris, Portes, Barrières, Compartimens pour plafonds, Voûtes, Parquets, etc., etc. Ces ensembles divers résultent de l'emploi simple des premiers principes.

La *troisième Classe* se compose d'exercices sur les lignes courbes.

La *quatrième Classe* est une application des lignes courbes à des ornemens, des figures et des compartimens dont on peut faire usage dans tous les genres d'industrie. Les figures sont toujours construites sur des lignes droites pointillées qui rappellent les premières opérations.

La *cinquième Classe* présente l'application combinée des lignes droites et des lignes courbes à des profils de moulures et de corniches les plus usités dans les arts industriels. Toutes les figures sont composées de manière à ce que leurs proportions perpendiculaires et horizontales répondent à des parties égales.

Les ornemens qui servent à la décoration des édifices, des appartemens et de l'ameublement, se composent de parties qu'on peut étudier

Deuxième Partie.

Exercices sur les lignes droites.

1 Tracez un triangle rectangle, *fig.* 10.

    Deux lignes droites ne peuvent pas fermer un espace. Pour obtenir ce résultat, il faut au moins trois lignes qui ne soient pas parallèles. On appelle triangle la superficie formée par trois lignes droites; on nomme rectangle, celui qui possède un angle droit; acutangle, celui qui possède trois angles aigus; et obtusangle, celui qui possède un angle obtus.

2 Tracez un autre triangle rectangle, *fig.* 11.

3 Faites un carré, *fig.* 12, et menez des diagonales.

    Le carré est une figure dont les quatre côtés sont égaux, et les quatre angles droits. Les diagonales sont des lignes menées, dans un carré ou dans un polygone, d'un angle à un autre.

4 Faites un rectangle ou carré long, *fig.* 13.

    On nomme ainsi une figure qui a quatre côtés, dont les opposés sont égaux et parallèles deux à deux, et les quatre angles droits; les diagonales menées dans un rectangle seraient égales entre elles.

5 Tracez un rectangle, dont les plus grands côtés soient posés horizontalement, et divisez-le en sept parties égales, *fig.* 14.

6 Faites un carré placé obliquement, *fig.* 15.

7 Faites un losange, *fig.* 16.

    Le losange est une figure dont les quatre côtés sont égaux, les angles opposés égaux, et les diagonales inégales. Cette figure s'emploie fréquemment dans les arts d'ornement.

8 Faites un polygone régulier, à côtés égaux, *fig.* 17.

    Le polygone est une figure de plusieurs côtés. Dans un polygone régulier, à côtés égaux, les angles sont égaux entre eux, et les diagonales égales entre elles.

9 Faites un polygone régulier, à côtés inégaux, *fig.* 18.

10 Divisez un angle droit en quatre parties égales, *fig.* 19.

11 Divisez l'angle droit renversé, en quatre parties égales, *fig.* 20.

12 Tracez des lignes rayonnantes, à partir du point-milieu d'une horizontale, *fig.* 21.

    Les lignes rayonnantes sont celles qui partent d'un centre commun.

13 Tracez des lignes rayonnantes qui partent d'un point, *fig.* 22.

COMMANDEMENS POUR LA 1re. CLASSE.

Première Partie.

Exercices sur les lignes droites.

Les lignes et figures doivent se tracer le plus en grand possible. On apportera le plus grand soin à leur vérification.

1 Tracez une ligne horizontale A, *fig.* 1re.
   Une ligne est la trace d'un point en mouvement. Le point n'a ni longueur, ni largeur, ni épaisseur. La ligne horizontale est celle qui est dans la direction de l'horizon. L'horizon est la ligne qui, dans la campagne, semble séparer le ciel d'avec la terre.

2 Tracez à l'horizontale A, les lignes parallèles B, C et D, *fig.* 1re.
   Les lignes sont parallèles lorsqu'elles sont également éloignées entre elles : leur usage est infini dans les arts.

3 Tracez trois lignes horizontales parallèles, *fig.* 2 ; divisez la première en deux parties égales, la seconde en trois, et la troisième en quatre.

4 Tracez des lignes verticales, *fig.* 3.
   La ligne verticale est une droite, dirigée dans le sens du fil à plomb.

5 Tracez des lignes obliques, *fig.* 4.
   Une ligne est oblique lorsqu'elle penche d'un côté.
   Nota. A partir de cette figure, on peut ordonner le tracé à droite ou à gauche.

6 Formez un angle droit, *fig.* 5.
   Un angle est l'ouverture de deux lignes qui se rencontrent à un point qu'on nomme sommet ; l'angle droit a 90 degrés ; c'est ce qu'on appelle équerre. Celui-ci est formé de la rencontre d'une horizontale et d'une verticale.

7 Formez un angle aigu, *fig.* 6.
   L'angle aigu est plus petit que l'angle droit. Celui-ci est formé de la rencontre d'une horizontale et d'une oblique inclinée vers l'horizontale.

8 Formez un angle obtus, *fig.* 7.
   L'angle obtus est plus grand que l'angle droit. Celui-ci est formé de la rencontre d'une horizontale et d'une oblique inclinée dans le sens opposé de l'angle aigu, fig. 6.

9 Menez une ligne perpendiculaire à une horizontale, *fig.* 8.
   Une ligne est perpendiculaire à une autre, lorsqu'elle la rencontre sans pencher d'aucun côté.

10 Formez deux lignes égales qui se croisent obliquement à angle droit, *fig.* 9.

COMMANDEMENS POUR LA 3ᴹᴱ. CLASSE.

Exercices sur les lignes courbes.

La ligne courbe est la trace d'un point qui, dans son mouvement, se détourne infiniment peu à chaque pas. Faites tracer les courbes, le bras tendu, et de gauche à droite. — Pour faciliter le tracé, faites d'abord tirer une ligne droite qui servira de base ou de corde. Cette ligne auxiliaire servira aussi à faire connaître si l'arc a partout la même courbure. — Avant de décrire définitivement un arc de cercle, il est bon de l'indiquer au pointillé.

1 Tracez la courbe, *fig.* 1ʳᵉ.
2 Tracez deux lignes courbes parallèles, *fig.* 2.
3 Tracez deux courbes convexes qui se réunissent à leurs extrémités, *fig.* 3.
    Une courbe convexe est celle qui est ronde en-dehors.
4 Tracez deux courbes concaves qui se touchent à un seul point, *fig.* 4.
    Une courbe concave est celle qui est ronde en-dedans.
5 Tracez la *fig.* 5.
    Tracez d'abord légèrement les droites obliques parallèles pointillées ; divisez-les en deux parties égales ; tracez à gauche et à droite deux courbes égales opposées.
6 Tracez deux courbes semblables qui se croisent et se rencontrent en deux points, *fig.* 6.
7 Tracez deux courbes convexes qui se croisent et se rencontrent en un seul point, *fig.* 7.
8 Tracez deux courbes concaves qui se réunissent à un seul point, *fig.* 8.
9 Tracez deux courbes convexes qui se réunissent à un seul point, *fig.* 9.
10 Tracez trois courbes semblables et divisez la première en deux, la seconde en trois, et la troisième en quatre parties égales, *fig.* 10.
11 Tracez des courbes qui se réunissent à un même point, *fig.* 11.
12 Tracez trois courbes obliques inégales, et divisez-les en deux, trois et quatre parties égales, *fig.* 12.
13 Tracez un quart de cercle de droite à gauche, *fig.* 13.
    On fera d'abord construire un angle droit, dont les deux côtés soient égaux, et on fera ensuite déterminer le quart de cercle.
14 Tracez un quart de cercle de gauche à droite, *fig.* 14.
    Même procédé que pour la figure précédente : les lignes ponctuées (rayons) indiquent que tous les points du quart de cercle sont également éloignés du centre.
15 Tracez un demi-cercle, *fig.* 15.
    Tracez d'abord l'horizontale, et puis le demi-cercle de gauche à droite.
16 Décrivez un cercle, *fig.* 16.
    Un cercle est une surface déterminée par une ligne courbe qu'on nomme circonférence, et dont toutes les parties sont également éloignées d'un point qu'on appelle centre.
17 Décrivez des cercles concentriques, *fig.* 17.
    Les cercles concentriques sont ceux qui ont un centre commun.
18 Décrivez un cercle et divisez-le en trois parties égales, *fig.* 18.
19 Décrivez un cercle et divisez-le en huit parties égales, *fig.* 19.
20 Décrivez une partie circulaire et divisez-la par des cercles posés dans le sens de l'horizon, *fig.* 20.
21 Décrivez une partie circulaire et divisez-la par des cercles, dans le sens de la perpendiculaire, *fig.* 21.
22 Décrivez une ellipse ou ovale, *fig.* 22.
    L'ellipse ou ovale peut être considérée comme un cercle allongé proportionnellement dans toutes

COMMANDEMENS POUR LA 2ᵉ CLASSE.

Application des lignes droites.

Les lignes pointillées sont des lignes de construction; elles doivent être tracées légèrement. On fera tracer les figures le plus en grand possible.

1 Tracez un guillochis simple, *fig.* 1ᵉ.
   Tracez légèrement deux lignes horizontales parallèles; divisez l'intervalle par des lignes perpendiculaires, de manière à obtenir tous rectangles égaux; tracez plus fortement toutes les perpendiculaires, et alternativement, en haut et en bas, la partie des horizontales comprise dans une division.

2 Tracez des dents de loup, *fig.* 2.
   Deux horizontales et perpendiculaires comme dans la figure précédente. Tracez fortement des diagonales d'un angle à un autre, comme dans la fig. 2.

3 Dessinez des guillochis composés, *fig.* 3.
   Tracez quatre lignes parallèles horizontales; divisez-les perpendiculairement, de manière à obtenir toutes parties carrées; suivez, avec un trait plus fort, les contours indiqués dans la figure.

4 Tracez, l'un sur l'autre, deux carrés égaux, dont le premier sera posé horizontalement, et le second obliquement, *fig.* 4.
   On a vu, dans la première classe, la formation des carrés.

5 Tracez, l'un sur l'autre, deux triangles, de manière à former au centre un polygone (hexagone) régulier, *fig.* 5.

6 Tracez un octogone régulier, et tirez des diagonales aux angles, *fig.* 6.
   L'octogone est une figure à huit côtés. En supprimant les angles saillans de la fig. 4, on obtiendra l'octogone demandé.

7 Tracez une étoile, *fig.* 7.
   Cette figure n'est autre chose que la fig. 5 posée obliquement, et des diagonales tirées aux angles.

8 Tracez une suite de losanges formant frise de parquet, *fig.* 8.
   On a vu la formation des losanges dans la première classe.

9 Tracez un panneau de lambris, *fig.* 9.
   Cette figure est composée d'un carré parfait et de deux rectangles ou carrés longs.

10 Tracez le ventail d'une porte, *fig.* 10.
   Ce ventail est composé d'un carré parfait et d'un rectangle.

11 Tracez le ventail de porte, *fig.* 11.
   Ce ventail est composé de trois carrés parfaits.

12 Tracez une barrière, *fig.* 12.
   Cette figure est composée de trois carrés parfaits et de diagonales.

13 Tracez la *fig.* 13.
   Cette figure, qui peut servir pour parquet ou plafond, doit se tracer d'abord comme la *fig.* 9. On formera ensuite un carré placé obliquement dans le milieu, et on divisera les rectangles par une plate-bande.

14 Tracez le compartiment, *fig.* 14.
   Cette figure est composée d'un hexagone régulier (ou figure à six côtés) et de losanges.

15 Tracez le compartiment, *fig.* 15.
   Cette figure est composée d'octogones et de petits carrés, dont la moitié seulement est visible dans la figure.

Nota. On fera doubler et même tripler ces deux dernières figures, pour apprendre à l'élève tout le parti que l'on peut tirer de ces compartimens, soit pour voûtes et plafonds, soit pour parquets, lambris, etc.

Application des lignes droites et courbes.

Dans les Académies de dessin, pour les Élèves qui se destinent à l'étude de la figure, on supprimera cette classe et les suivantes pour arriver aux planches 18e., 19e. et 20e., qui renferment le détail et le tracé géométrique de la tête.

Les proportions des figures de cette 5e. classe sont déterminées par des parties égales, perpendiculairement et horizontalement, de manière à ce que les subdivisions des figures correspondent toujours à ces parties. Ces divisions se trouveront sur le tableau par les subdivisions du *mètre*, indiquées aux parties supérieures et latérales.

---

1 Tracez un cavet avec un filet, *fig.* 1re.
    (La hauteur en est de quatre parties, la saillie de trois et demie.)

2 Tracez un tors avec son filet, *fig.* 2.
    (La hauteur en est de trois parties, la saillie de cinq.)

3 Tracez un talon avec son filet, *fig.* 3.
    Après avoir déterminé la hauteur et les saillies de chaque partie, menez la ligne A B, que vous diviserez en deux parties égales. Au point C de ces trois points, comme centre, et d'un rayon égal à la moitié, tracez les deux intersections D et E de ces deux points, et, du même rayon, décrivez les arcs AC et CB.

4 Tracez un talon renversé, *fig.* 4.
    Même opération.

5 Tracez un quart de rond avec une baguette et un filet, *fig.* 5.

6 Tracez une cymaise avec ses filets, *fig.* 6.
    Même opération que pour le talon.

7 Tracez une cymaise avec ses filets et un talon, *fig.* 7.
    On fera tracer aussi toutes ces figures dans le sens opposé.

8 Tracez un piédouche, *fig.* 8.
    La courbe supérieure du piédouche est un quart de cercle. Pour avoir la courbe inférieure, on mènera la ligne A B, qu'on divisera en quatre parties égales; des points A et B, et d'un rayon égal à AC, on formera l'intersection D; de ce point on décrira la courbe.

9 Tracez un chapiteau toscan, *fig.* 9.

10 Tracez une base toscane, *fig.* 10.

11 Tracez une architrave, *fig.* 11.

12 Tracez un modillon, *fig.* 12.

13 Tracez une corniche, composée d'un talon A, d'un larmier B, et d'un quart de cercle C, *fig.* 13.

14 Tracez une corniche de couronnement, composée d'une cymaise A, d'un talon B, d'un larmier C, d'un quart de rond D, et d'un cavet E, *fig.* 14.

COMMANDEMENS POUR LA 4ᵐᵉ. CLASSE.

Application des lignes courbes.

Toutes les figures de cette classe peuvent se faire au compas ; cependant l'élève ne commencera à se servir de cet instrument qu'à partir de la *fig.* 10.

1 Dessinez la *fig.* 1ʳᵉ.
   Tracez trois horizontales parallèles ; divisez les intervalles de manière à avoir toutes parties carrées ; décrivez, de leur point de rencontre au centre, et alternativement en haut et en bas, des demi-cercles.

2 Dessinez la *fig.* 2.
   (Il est aisé de voir que cette figure dérive de la précédente ; il s'agit seulement de continuer les cercles.)

3 Dessinez la *fig.* 3.
   Ajoutez trois fois la partie inférieure de la figure 1ʳᵉ.

4 Dessinez la *fig.* 4.
   Faites un carré et décrivez quatre courbes.

5 Dessinez la *fig.* 5.
   Faites un triangle ; abaissez une perpendiculaire du sommet ; décrivez quatre courbes.

6 Dessinez la *fig.* 6.
   Faites un carré ; divisez-le en deux parties égales par une perpendiculaire ; tracez les quatre courbes.

7 Dessinez la *fig.* 7.
   Décrivez un cercle ; divisez-le en trois parties égales ; menez des rayons à ces trois parties ; tracez les courbes.

8 Dessinez la *fig.* 8.
   Décrivez un cercle ; divisez-le en six parties égales ; tracez les courbes.

9 Dessinez la *fig.* 9.
   Décrivez un cercle ; divisez-le en huit parties égales ; menez les rayons ; formez un carré ; tracez quatre arcs de cercle.

10 Dessinez la *fig.* 10.
   (L'Élève commencera à employer le compas.) Décrivez un cercle et divisez-le en huit parties égales ; menez les rayons ; inscrivez deux carrés, l'un placé horizontalement, et l'autre obliquement ; des points A, A, comme centres, et d'un rayon égal à une des divisions, décrivez des demi-cercles.

11 Dessinez la rosace, *fig.* 11.
   Décrivez un cercle ; divisez-le en seize parties égales ; divisez un des rayons en quatre parties égales. De la quatrième partie, la plus proche de la circonférence et d'un rayon égal à deux divisions, décrivez des arcs de cercle.

   Maintenant que le coup d'œil, la main et le jugement de l'Élève sont suffisamment formés, il ne sera plus donné d'explication pour la construction des figures : les lignes pointillées seront les seuls guides.

12 Dessinez la *fig.* 12.
13 Dessinez la *fig.* 13.
14 Dessinez la *fig.* 14.
15 Dessinez la *fig.* 15.
16 Dessinez la *fig.* 16
   (La rosace est la même que celle *fig.* 11.)

Nota. Il sera bon, comme dans la seconde classe, de faire doubler et tripler les figures 14, 15 et 16. — Pour préparer l'élève à la connaissance des effets de lumière, on lui recommandera de donner plus ou moins de force au trait dans les parties indiquées au modèle. — On interdira soigneusement les tâtonnemens et les reprises : il faut faire préparer le tracé par des lignes pointillées, ainsi qu'il a déjà été dit, et exiger après un trait ferme et correct.

COMMANDEMENS POUR LA 7ME. CLASSE.

Rosaces.

Dans cette classe et dans les suivantes, les opérations sont divisées en trois parties : à gauche, le tracé préparatoire ; à droite, le second tracé ou la masse ; et dans la figure suivante, l'ensemble, dont une partie est toujours indiquée au pointillé dans la première figure.

---

1 Dessinez la rosace, *fig.* 2.

   Décrivez une circonférence de la grandeur que vous voulez donner à votre rosace ; divisez-la en cinq parties égales ; menez les rayons au centre ; divisez l'un d'eux en huit parties égales ; décrivez, vers le centre, un cercle de trois parties et un de quatre ; portez, sur les deux plus grands cercles, les points dans la proportion indiquée par ces points ; menez les lignes comme en A, B, C, D, E, et arrondissez les angles comme en F.

2 Dessinez la rosace, *fig.* 4.

   Décrivez trois circonférences dans la proportion du modèle, fig. 3 ; divisez la plus grande en douze parties égales ; menez des rayons jusqu'à la troisième ; portez les divisions comme dans la demi-circonférence G, H, I ; ébauchez comme dans la seconde partie G, K, I ; et terminez comme fig. 4. La petite rosace du milieu est la même que celle n°. 2.

3 Dessinez la rosace, *fig.* 6.

   Divisez la grande circonférence, fig. 5, en dix parties égales ; tracez les divisions comme en L, M, N ; ébauchez comme en L, O, M ; et terminez comme figure 6.

4 Dessinez la rosace, *fig.* 8.

   Employez les mêmes moyens que dans la figure précédente.

COMMANDEMENS POUR LA 6ᴺᴱ. CLASSE.

Principes d'ornement.

Malgré que les ornemens n'aient pas de proportions exactement déterminées, nous en donnerons cependant quelques-uns, formés à l'aide de parties égales, afin d'en faciliter le tracé.

1 Dessinez des perles en forme de chapelets, *fig.* 1ʳᵉ. et 2ᵉ.
   (Ces figures n'ont pas besoin d'explications.)

2 Dessinez la *fig.* 4.
   Divisez la hauteur en six parties égales ; portez-en quatre pour la demi-largeur A, B ; tirez des perpendiculaires ; tracez les horizontales C et D ; portez à leurs points respectifs les proportions indiquées au tableau et par ces points ; décrivez les courbes E, F, G, H et H, I.

3 Dessinez des rais-de-cœur, *fig.* 6.
   Avec les divisions perpendiculaires et horizontales de la figure précédente, ébauchez avec des lignes droites (voyez *fig.* 5), et terminez en adoucissant les mouvemens, comme il est indiqué au pointillé.

4 Dessinez des feuilles de refend et des perles, *fig.* 9.
   Tracez d'abord des horizontales et des perpendiculaires comme à la fig. 7 ; ébauchez avec des lignes droites et courbes, comme à la figure 8, et terminez comme l'indiquent les lignes pointillées.

5 Dessinez des oves, *fig.* 11.
   Après avoir tracé les horizontales et les perpendiculaires comme à la fig. 10, terminez comme fig. 11.

6 Dessinez des oves plus compliqués et des perles, *fig.* 13.
   Tracez les horizontales et les perpendiculaires ; ébauchez comme à la fig. 12, et terminez comme fig. 13.

7 Dessinez des feuilles de laurier, *fig.* 15.
   Tracez les divisions horizontales et perpendiculaires comme à la fig. 14 ; ébauchez comme l'indiquent les lignes pointillées de la même figure, et terminez comme fig. 15.

Nota. Les rais-de-cœur et feuilles de refend servent à orner les talons, les oves, les quarts de ronds et les feuilles de laurier, les tores.

Fragmens de feuilles d'olivier et de refend.

1 Dessinez le fragment de feuille d'olivier, *fig.* 2.

Tracez un rectangle, figure 1re.; divisez-le en deux parties égales, par une perpendiculaire; tracez les courbes A, B, A, C; suivez le tracé indiqué dans la partie A, B; ébauchez comme dans la partie A, C; et terminez comme figure 2.

2 Dessinez un fragment de feuille de refend, *fig.* 4.

Tracez un rectangle, figure 3; déterminez les courbes D, E et D, F; continuez le tracé comme à la partie D, E; ébauchez carrément comme en DF; et terminez comme figure 4.

COMMANDEMENS POUR LA 11ME. CLASSE.

Feuille d'olivier.

Cette feuille est de la proportion et de la forme de celles employées dans les chapiteaux corinthiens.

1 Dessinez la feuille d'olivier, *fig.* 2.

Tracez un rectangle, figure 1re.; déterminez les courbes A, B, C, D et E, F, G; continuez le tracé comme au côté A, E, B; ébauchez comme en C, G, D; et terminez comme figure 2.

COMMANDEMENS POUR LA 8ᴹᴱ. CLASSE.

Culots.

1 Dessinez un culot, *fig.* 2.
   Tracez un rectangle et divisez-le en deux parties égales, par une perpendiculaire; ébauchez en ligne droite comme figure 1ʳᵉ.; et terminez pour avoir la figure 2, comme il est indiqué au pointillé.

2 Dessinez le culot, *fig.* 4.
   Tracez d'abord comme figure 3, et terminez comme figure 4.

3 Dessinez le culot, *fig.* 6.
   Tracez comme dans la partie A, figure 5; ébauchez comme partie B; et terminez comme figure 6.

4 Dessinez le culot, *fig.* 8.
   Après avoir déterminé le rectangle, figure 7, tracez comme en C; ébauchez comme en D, et terminez comme figure 8.

COMMANDEMENS POUR LA 9ᴹᴱ. CLASSE.

Palmettes.

1 Dessinez la palmette, *fig.* 2.
   Tracez un carré parfait, figure 1ʳᵉ.; divisez-le en deux parties égales, par une perpendiculaire; décrivez par le haut une demi-circonférence de cercle; tracez les divisions, et terminez comme figure 2.

2 Dessinez la palmette, *fig.* 4.
   En vous servant des moyens employés pour la figure 1ʳᵉ.; tracez et ébauchez comme figure 3, et terminez comme figure 4.

3 Dessinez la palmette, *fig.* 6.
   Tracez comme figure 5, et terminez comme figure 6.

4 Dessinez la palmette, *fig.* 8.
   Tracez et ébauchez comme figure 7, et terminez comme figure 8.

COMMANDEMENS POUR LA 14ᵐᵉ. CLASSE.

Application.

Grandes rosaces.

Pour dessiner ces rosaces, on fera usage des moyens employés pour le tracé des figures de la septième classe; après quoi on massera les parties d'ornemens comme on l'a fait dans les classes précédentes, et on terminera.

COMMANDEMENS POUR LA 15ᵐᵉ. CLASSE.

Application.

Panneau d'ornement.

Ce panneau d'ornement est composé de rosaces, culots, palmettes et rinceaux. On emploiera, pour le dessiner, les moyens dont on a fait usage pour tracer et dessiner ces différentes figures.

Feuille de refend.

CETTE feuille est comme la précédente, de la proportion et de la forme de celles employées dans les chapiteaux corinthiens.

1 Dessinez une feuille de refend, *fig.* 2.

Après avoir tracé le rectangle, figure 1re., déterminez les courbes A, B, C, D et E, F, G; continuez le tracé comme au côté A, B; ébauchez carrément comme en C, C, D; et terminez en adoucissant les mouvemens comme figure 2.

COMMANDEMENS POUR LA 13ME. CLASSE.

Rinceau.

1 Dessinez un rinceau en feuille de refend, *fig.* 2.

Tracez et ébauchez comme dans les classes précédentes, en commençant par les lignes les plus simples, tel qu'il est indiqué figure 1re., et terminez comme figure 2.

Vases.

Dans le langage de l'art, on entend par Vase un vaisseau de forme élégante, monté sur un piédouche, plus ou moins richement orné d'oves, de godrons, de feuilles, et quelquefois de figures.

L'aiguière, figure 1re., pourrait s'exécuter en argent; le vase Médicis, figure 2, en marbre; et le vase à anses, figure 3, en porcelaine.

1 Dessinez une aiguière, *fig.* 1re.

La hauteur totale, y compris l'anse, est de vingt et une parties; la plus grande largeur, la saillie de l'anse compris, est de neuf parties et demie.

2 Dessinez le vase Médicis, *fig.* 2.

Divisez la hauteur en vingt-deux parties égales; donnez dix-huit de ces mêmes parties à la plus grande largeur; et suivez, pour les détails, les lignes pointillées sur les deux échelles.

3 Dessinez le vase à anses enroulées, *fig.* 3.

La hauteur sera divisée en vingt-quatre parties, et on donnera douze de ces mêmes parties à la plus grande largeur, compris la saillie des angles.

COMMANDEMENS POUR LA 16me. CLASSE.

Vases.

Les proportions des vases sont déterminées d'après des parties égales perpendiculairement et horizontalement comme dans la cinquième classe.

Après avoir arrêté la hauteur qu'on voudra donner à un vase, on le divisera en autant de parties égales que le modèle indique ; on tracera avec ces parties toutes les lignes horizontales, puis les diverses largeurs, et on dessinera les contours.

---

1 Dessinez un bol, *fig.* 1re.
   La hauteur est de deux parties et demie, et la plus grande largeur de six.

2 Dessinez une coupe, *fig.* 2.
   La hauteur est de quatre parties, la largeur de sept.

3 Dessinez un vase, *fig.* 3.
   La hauteur est de trois parties, la largeur de quatre.

4 Dessinez le vase à anses, *fig.* 4.
   Divisez la hauteur en huit parties égales, et donnez trois parties et demie à la plus grande largeur.

5 Dessinez une coupe, *fig.* 5.
   La hauteur sera de huit parties, et la largeur de neuf.

6 Dessinez une soupière, *fig.* 6.
   La hauteur sera de quatre parties, et la plus grande largeur de neuf.

COMMANDEMENS POUR LA 5ᵐᵉ. CLASSE.

Deuxième Partie.

Application.

Détails d'une tête.

Les lignes de construction sont indiquées au pointillé sur la même figure.

---

1 **Dessinez un nez de face**, *fig.* 9.

 Tracez un rectangle de quatre parties de hauteur sur deux de largeur. Tracez sur les côtés, en haut et en bas, les rectangles indiqués à la figure, et dessinez le nez de face.

2 **Dessinez un nez de profil**, *fig.* 10.

 Tracez un rectangle de quatre parties de hauteur sur deux de largeur, en haut et en bas les rectangles comme à la figure précédente. Au point H, formez un triangle-rectangle d'un quart de partie de hauteur. Par le haut, à une demi-partie de distance du point I, menez l'oblique IH, qui vous donnera l'inclinaison du nez, et dessinez.

3 **Dessinez une oreille de face**, *fig.* 11.

 Tracez un rectangle de quatre parties de hauteur sur deux de largeur; divisez-le en quatre parties égales, par une perpendiculaire et une horizontale; menez la diagonale KL, et dessinez l'oreille de face.

4 **Dessinez une oreille de profil**, *fig.* 12.

 L'oreille de profil est moitié de l'oreille de face, dans sa largeur.

 Tracez un parallélogramme (*) de quatre parties de hauteur perpendiculaire et d'une partie de largeur sur une partie de pente. Divisez-le en quatre parties égales, par des parallèles, aux grands et aux petits côtés; menez la diagonale MN, et dessinez l'oreille de profil.

 A l'exception du nez et de la bouche de face, on doit faire dessiner les autres figures alternativement à droite et à gauche.

(*) Un parallélogramme est une figure de quatre côtés, dont les opposés sont parallèles.

COMMANDEMENS POUR LA 5ᴺᴱ. CLASSE.

Première Partie.

(Cette Classe et les deux suivantes se rapportent aux planches 18ᵉ., 19ᵉ. et 20ᵉ.)

Application.

Détails d'une tête.

On fera remarquer aux élèves que les lignes pointillées sont les mêmes que les lignes pleines.

---

1 Dessinez un œil de face, *fig.* 2.

L'œil a pour longueur la cinquième partie de la face, mesurée sur la ligne-milieu des yeux : la hauteur est de la moitié de la largeur.

Tracez un rectangle (fig. 1ʳᵉ.) de deux parties de longueur et d'une partie de hauteur; divisez-le en deux parties égales perpendiculairement et horizontalement; prolongez l'horizontale d'une partie; élevez à ce point une perpendiculaire d'une partie; de ce point, menez une horizontale de trois parties et demie; abaissez une perpendiculaire; tracez les deux diagonales A et B, et dessinez l'œil de face, comme fig. 2.

2 Dessinez un œil de profil, *fig.* 4.

L'œil de profil est moitié de l'œil de face.

Tracez un carré d'une partie, fig. 3; divisez-le en parties égales perpendiculairement et horizontalement; prolongez l'horizontale d'une partie, et élevez une perpendiculaire aussi d'une partie; de ce point, menez une horizontale, tracez la diagonale, et dessinez l'œil comme fig. 4.

Pour avoir exactement le globe de l'œil, il faut tracer une courbe à partir d'un quart de partie en haut C, et arriver au point milieu en bas D.

3 Dessinez une bouche de face, *fig.* 6.

La largeur de la bouche est de deux parties et un quart. Cette proportion s'obtient par le prolongement des deux grands côtés d'un triangle qui a son sommet à la naissance des cheveux, et pour base la largeur du nez, comme nous le verrons plus tard.

Tracez une horizontale de deux parties et un quart, fig. 5. Formez, en contre-bas, un rectangle d'un tiers de partie de hauteur, et, au-dessous de celui-ci, un second rectangle d'une demi-partie; divisez-les en deux parties égales par une perpendiculaire, et dessinez la bouche de face, comme fig. 6.

4 Dessinez une bouche de profil, *fig.* 8.

La bouche de profil a une partie et un quart de longueur, prise à la lèvre supérieure, et, pour hauteur, les deux rectangles d'un tiers et d'une demi-partie.

Tracez une horizontale d'une partie et un quart de longueur, fig. 7, et, en contre-bas, deux rectangles d'un tiers et d'une demi-partie; sur un des côtés, tracez un rectangle d'un quart de partie et la diagonale E. Dessinez la bouche de profil, comme fig. 8.

COMMANDEMENS POUR LA 7ᴹᴱ. CLASSE.

Application du dessin linéaire.

Tracé géométrique de la tête de profil.

Les parties dont on se sert pour les proportions sont les mêmes que celles obtenues par la division de la ligne DE dans la 6ᵉ. classe.

---

1 Dessinez une tête de profil, *fig.* 2.

Fig. 1ʳᵉ. — Après avoir divisé la hauteur en quatre parties égales, et tracé les deux cercles comme dans la classe précédente, menez les tangentes AB et CD. A une partie et demie du centre du grand cercle, du point E et d'un rayon égal EF, tracez un arc de cercle jusqu'à la rencontre de la tangente du grand cercle. Du point H et d'un rayon égal à HI, tracez l'arc de cercle IK. La position de l'oreille sera déterminée à une partie de la ligne centrale, l'angle de l'œil, par la tangente CD ; et la position de la narine, en abaissant une perpendiculaire du milieu de l'œil. Tracez maintenant l'œil, le nez, la bouche de profil et l'oreille de face, comme dans la 5ᵉ. classe, et terminez comme fig. 2.

Pour avoir l'inclinaison du cou, tracez, d'après les mesures indiquées au modèle, les obliques LM et GN.

COMMANDEMENS POUR LA 6ᴹᴱ. CLASSE.

Application du dessin linéaire.

Tracé géométrique d'une tête de face.

La tête se divise en quatre parties égales, savoir : du sommet de la tête au haut du front où les cheveux prennent naissance ; de la racine des cheveux à la racine du nez, ou milieu des yeux ; de la racine du nez à sa partie inférieure ; et de la partie inférieure du nez à la partie inférieure du menton.

---

1 Dessinez une tête de face, *fig.* 2.

Tracez une verticale et divisez-la en quatre parties égales, *fig.* 1.

Du point A, comme centre, et d'un rayon égal à une partie et demie, décrivez une circonférence de cercle ; d'un rayon égal à une partie et du point B, décrivez une autre circonférence ; de ce même point B, déterminez à 45 degrés les points C, C ; des points de rencontre D et E, menez les courbes D, F, C et E, H, C. Cette première opération donnera l'ovale de la tête.

Divisez la ligne D E en dix parties égales ; avec cette mesure, tracez les proportions des yeux, du nez, de la bouche de face et des oreilles de profil, comme dans la 5ᵉ. classe.

La distance du nez, au milieu de la bouche, est d'une partie ; les oreilles sont de la proportion du dessus des yeux à la partie inférieure du nez.

On peut obtenir la largeur de la bouche en formant un triangle qui aurait le point G pour sommet, et qui passerait par les deux points de la largeur du nez.

Pour avoir l'emmanchement du cou : des points de rencontre F et H, abaissez deux verticales jusqu'à une demi-grande partie, en contre-bas de la partie inférieure du menton ; tracez sur une demi-grande partie de hauteur les obliques IL et KL, et terminez comme fig. 2.

On fera observer aux Élèves que le tracé préparatoire, fig. 1ʳᵉ., est indiqué au pointillé dans la fig. 2.

Eerste Klasse. Eersте Classe.
Oefening van het Oog. Exercice sur les lignes droites. Oefening van het Oog-zijn op de regte lijnen.

Tweede Klasse.
Toepassing der regels Lynen.

Eerste Classe.
Application des lignes droites &.

Troisieme Classe.
Formation du Coup-d'œil exercés sur les lignes courbes.

Derde Klasse.
Vorming van het Coup d'œil oefeningen op de kromme lijnen.

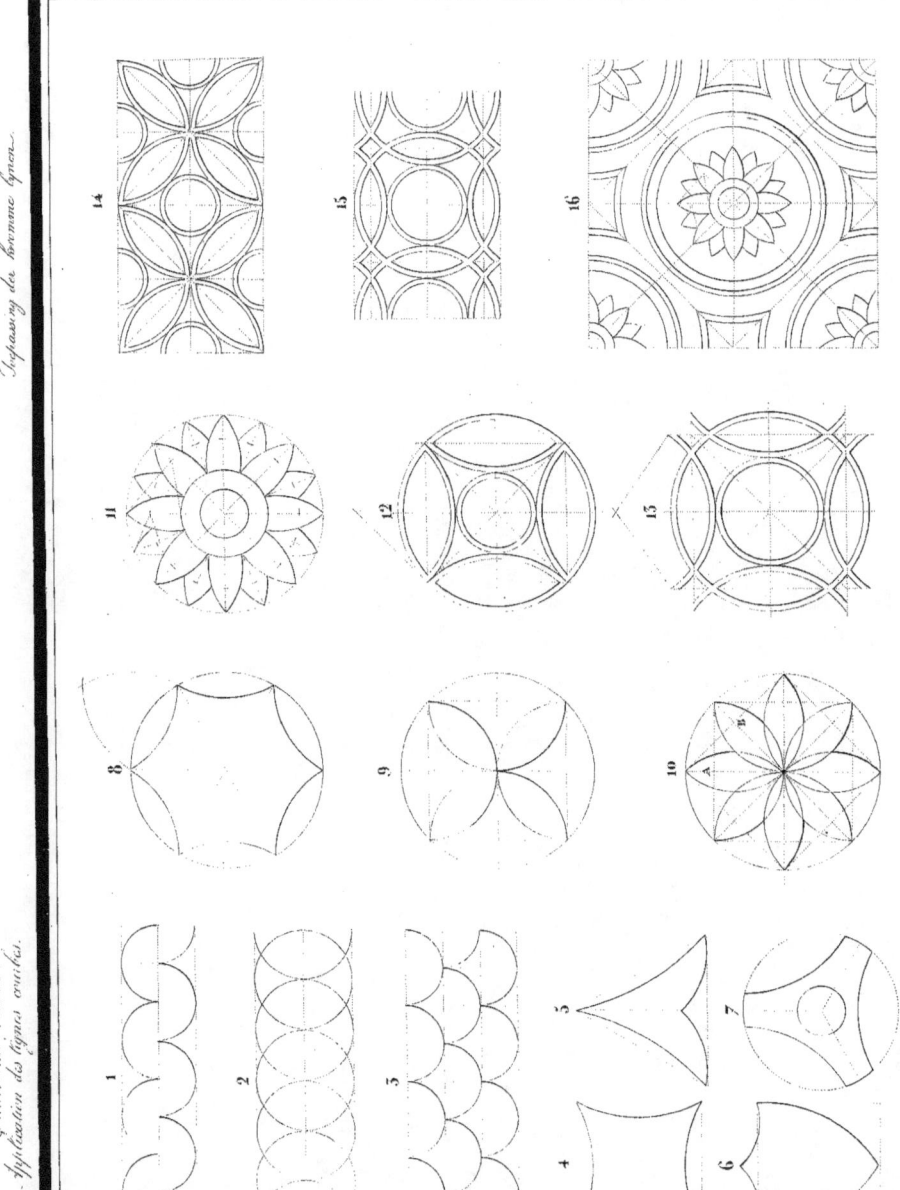

Cinquième Classe.
Application des lignes droites et des lignes courbes.

Cyfte Klasse.
Toepassing der regte en der kromme lynen.

Eerste Klasse.
Ontwikkeling van het regtlynige lynkarakter, grondslag der Versieringen.
Versierde Moulliren.

Première Classe.
Développement du dessin linéaire, principes d'ornement.
Moulures ornées.

Zweite Klasse.
Grundzüge der Verzierungen. Rosetten.

Siebente Classe.
Principes d'ornement. Rosaces.

Huitième Classe.
Principes d'ornement.
Culots.

Achtste Klass.
Gronden der Versierselen.
Culots.

Neunte Klasse:
Principes d'ornement.
Palmettes.

Neunte Klasse:
Grandes Palmettes.
Palmettes.

Neuvième Classe.
Groupes d'ornement.
Fragments de feuille d'Olivier et de Refend.

Tiende Klasse.
Groepen van loofwerk.
Fragmenten van Olyf Bladen en refend Bladen.

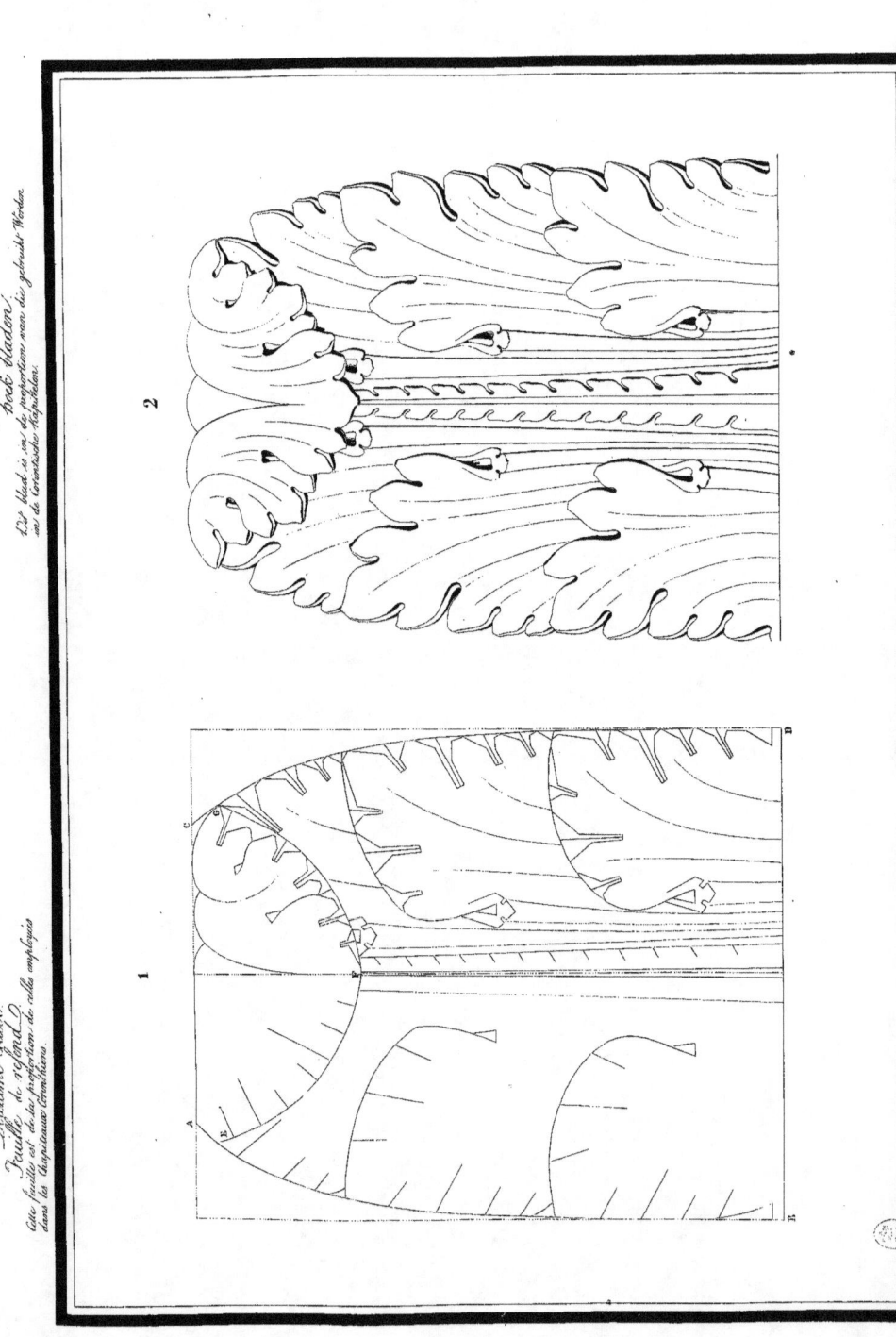

Troisième Classe.
Rinceaux en feuilles de Refends.

L'ogive de Masse. *Rinceau Refend Bladin.*

1

2

Quinzième Classe.
Application.
Panneau d'ornement.

Vijftiende Klasse.
Toepassing.
Paneel van Versiering.

Vases.
Proportions et décoration.

Vases.
Proportion et décoration.

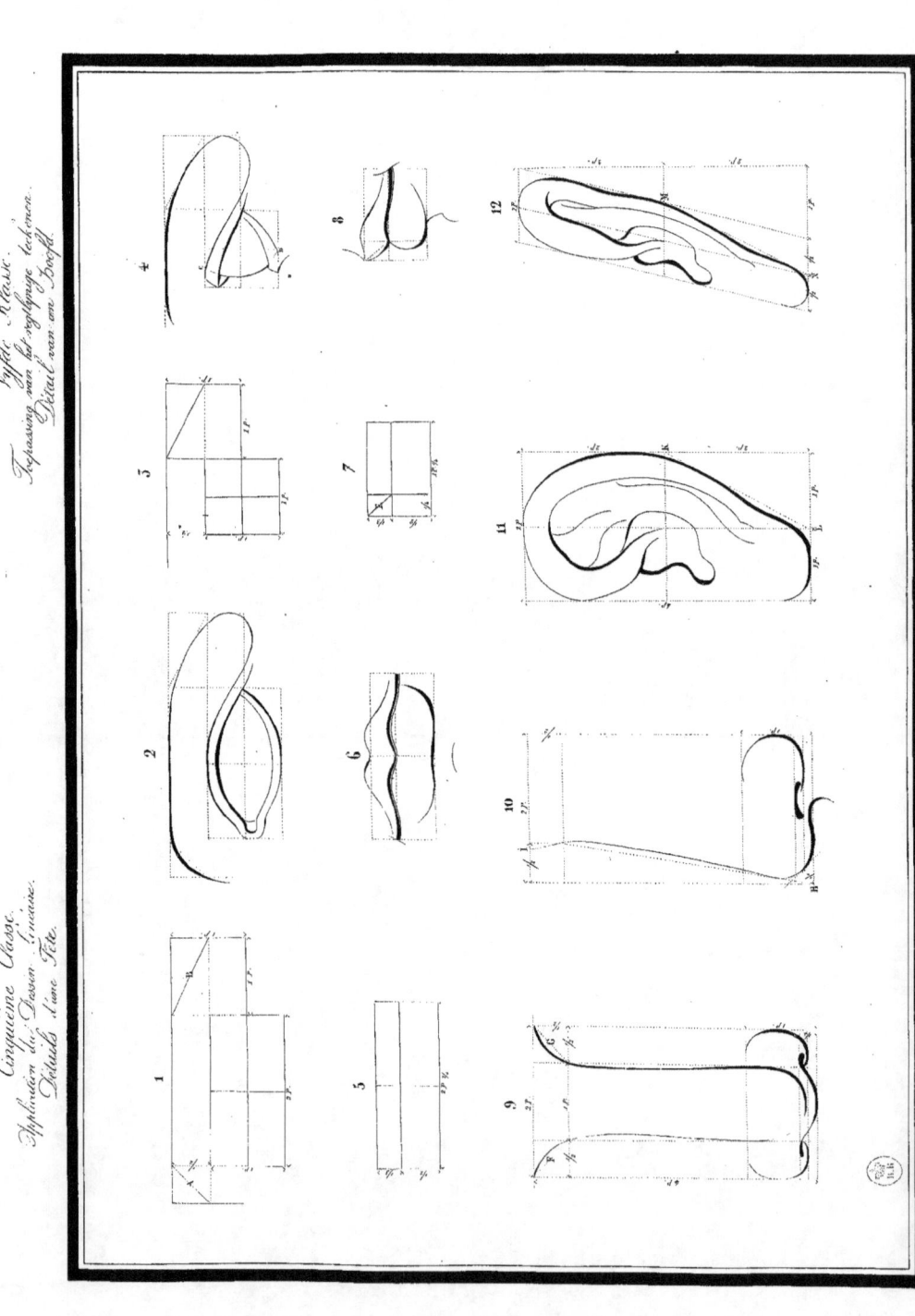

Zesde Klasse.
Toepassing van het ovesbeginsels teekenen.
Tracès van een hoofd, in face.

Sixième Classe.
Application du dessin basique.
Tracé d'une tête de face.

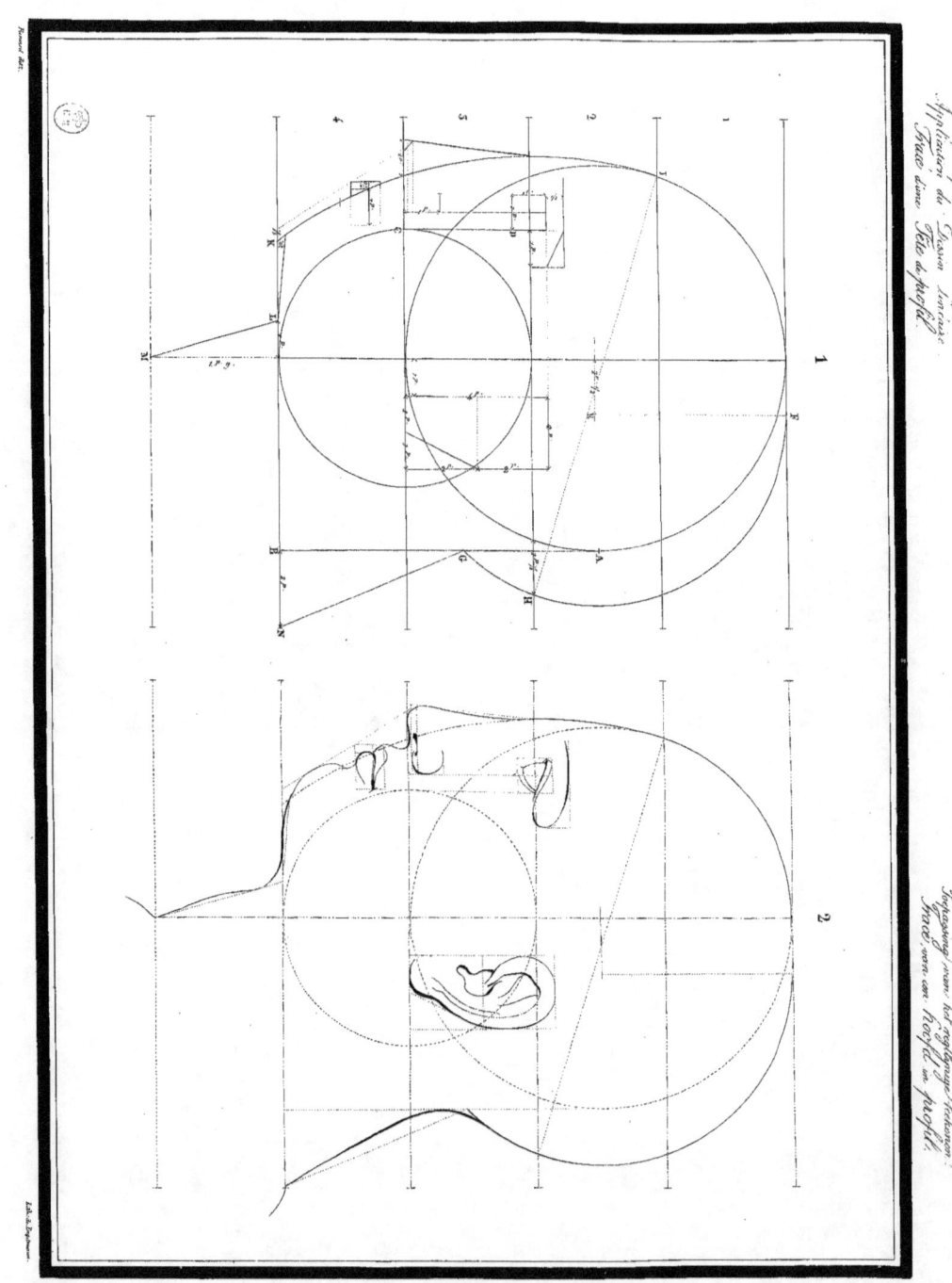

www.ingramcontent.com/pod-product-compliance
Lightning Source LLC
Chambersburg PA
CBHW070211230526
45471CB00002B/913